경남대표시인선
54

머물고 싶은 고향

윤종덕 명산 시집

돌선 경남

淸嵐 윤종덕

- 시인
- 문학평론가
- 향토사학자

Yun Jongdeok Poetry

빛은 아버지라

윤 종 덕

빛으로 빛으로
오랜 세기 동안 여물은
사랑의 씨앗하나

밝은 세상 숨결로
발효돼야 되사는 영혼
대지의 자궁을 열고

이 땅에 생명들이
샘솟아 숨을 쉬며 살아가네

태양이 빛이더냐
태양이 아버지의 정이더냐
태양은 공기를 주시었네

| 서문 |

시로 만나는 명산

　한국의 산은 내 마음의 고향으로 백두산, 태백산, 한라산, 지리산, 설악산, 덕유산의 울림에 귀를 기울였다. 시인이 산을 노래하는 것이라기보다, 산이 시詩를 읊고 노래한다는 마음으로, 시 창작에 정성을 기울였다.

　해가 떠오르면 신비의 세계는 환하게 얼굴을 내민다. 자연과 사람이 융합되는 순간, 비로소 자아는 세계와 하나 됨을 깨닫는다.
　하늘과 땅, 사람이 하나로 집중되는 합일合一의 세상은, 자아의 순수함과 평안함이 일체一切의 집착執着에서 벗어나, 자연스럽게 세상과 혼연일체渾然一體의 어울림으로 현존現存의 의연毅然함과 안정安靜을 되찾게 되리라.

하늘같이 높은 아버지의 산과 바다처럼 넓은 어머니의 산은, 아침 햇살로 솟아 반짝이는 빛으로, 우리가 아름다운 삶을 살도록 비추어 준다.

상쾌한 바람과 새의 지저귐, 솟아나는 샘물에서 느낄 수 있는 포근한 요람搖籃과도 같은 산. 나아가 침묵의 산이 일깨워주는 지혜와 자비로움, 가을 산의 축제, 푸르른 나무들의 싱싱함으로 온갖 번뇌와 고통을 극복할 수 있게 해주는 산. 엉겅퀴처럼 살다가도 별똥별이 쏟아지면, 눈물을 흘릴 줄 아는 자상한 감성으로, 내면內面에 되살아나는 존재의 근원과 이유를 발견하는 기쁨을 함께 누렸으면 합니다.

계묘년 봄날, 햇살이 찾아온 창가에서
청람 윤종덕 올림

차례

004 — 서문

**1
태백산**

014 — 태백산 천제단
016 — 태백산 설화雪花
018 — 태백산 고사목
020 — 태백산 설경
022 — 태백산 고사목과 눈꽃
024 — 속삭이는 태백산
026 — 태백산 비경秘景
028 — 태백산에 올라보니
030 — 겨울 태백산

2 설악산

034 — 꿈꾸는 설악산
036 — 설악산 토왕성폭포
038 — 설악산 가을 풍경
040 — 설악산에서
042 — 설악산 운해
044 — 설악산 범봉
046 — 설악산 화채능선
048 — 설악산 설화

3 백두산

052 — 백두산 천지 운무
054 — 백두산 천지 이야기
056 — 빛은 아버지라
058 — 백두산 설경
060 — 백두산 비룡폭포
062 — 백두산 주상절리
064 — 불함산 천지
066 — 백두산의 여름
068 — 백두산 꽃잔치

070 — 아름다움을 찾아서
072 — 백두산 경계비를 보며
074 — 백두산 땅속 기암
076 — 백두산 자작나무
078 — 불함산 분화구
080 — 영산설원靈山雪原
082 — 천문동 소천지
084 — 백두산 천지를 보며
085 — 백두산 천지 야생화
086 — 백두산 찬가
088 — 분화구 원천지
090 — 백두산 천지 일출

4 한라산

094 — 한라산 설국雪國
096 — 한라산 무릉도원
098 — 한라산의 가을
099 — 한라산 분화구
100 — 백록담 남벽에서

102 — 백록담 구름 이야기
104 — 한라산 여명
106 — 한라산 눈꽃 잔치
108 — 한라산 겨울 백록담
110 — 한라산의 설경
112 — 한라산 고사목 군락지
114 — 한라산의 봄
116 — 한라산 가을 오름들
118 — 한라산 어리목산장
120 — 한라산 오백장군
122 — 한라산 산정호수
124 — 한라산 백록담 설화
126 — 한라산 영실 주변 설경

**5
금강산**

130 — 그리운 금강산
132 — 금강산 설경

**6
덕유산**

136 — 덕유산 일출
138 — 덕유산의 역사
140 — 덕유산 향적봉
142 — 겨울 덕유산
144 — 덕유산 설화雪花
146 — 덕유산 설경
148 — 덕유산 고사목
150 — 덕유산 함박눈
152 — 덕유산 별천지
154 — 덕유산 일몰
156 — 덕유산 아카펠라
158 — 눈에 덮인 덕유산 나무들

**7
지리산**

162 — 지리산 천왕봉
164 — 지리산 제석봉 설경
166 — 천왕봉 일출
168 — 지리산 설화
170 — 지리산 고사목

172 — 노고단 운해
174 — 반야봉 운해
176 — 제석봉 고사목
178 — 지리산 운해
180 — 노고단 일몰
182 — 지리산의 봄
184 — 천왕봉 운해
186 — 노고단 원추리
188 — 꿈꾸는 지리산
190 — 지리산 일몰日沒
192 — 백무동 계곡
194 — 지리산 제석봉 철쭉
196 — 지리산 반야봉 철쭉
198 — 지리산 제석봉
200 — 용추폭포에서

평설
202 — 산山에서 느끼는 인생의 맛과 멋 **안화수**(시인)

001

태백산

Taebaeksan Mountain

태백산 천제단

태백산 여명

선캄브리아기 흰 자갈과 모래
성산聖山임을 보여주는 산

신성한 산마루 밝아오는 여명
하늘에서 환웅桓雄이 내려오셨다네

세상이 새롭게 태어나려는가
하늘 열리고 땅 솟으니

생명의 근본根本은 태양이라
밝음은 햇빛이 보여주는 힘이지

더불어 단군성전도 함께 세웠으니
종묘사직宗廟社稷 영원하리라

태백산 설화雪花

아름다운 세상 행복한 사람들
모두 꽃으로 피어나는 산

구름과 눈꽃이 어우러진 선경仙境
이곳이 무릉도원이로구나

태백산 설화

기운생동氣韻生動의 창공
화기애애和氣靄靄한 대지

꽃은 열매 맺기 위해 피고
씨앗은 땅을 번성하게 하는 일

말없이 많은 말을 하는 태백
고요한 산 웅변雄辯이어라

태백산 고사목

태백산 고사목 설화

오래도록 살아가기 위해
죽어야 사는 천년의 나무
영험하다는 우리나라 산 이야기

원시시대에서 역사시대로
고생대 이전 고생대 지나 중생대
오늘날에도 서 있는 나무

추위에 떨고 섰을까 봐
헐벗은 나무 욕심도 버려
흰 솜이불 덮어주고

세상에 사람들
숨 쉬며 잘 살아가라고
죽은 나무 꽃 피우네

태백산 설경

태백산 설경

눈이 펑펑 내리는 태백산
군불 지피고 있는 고사목

겨울 되면 생각나는 따뜻한 양지 밭
눈 오면 그리워지는 온돌방 아랫목

차가운 입김 눈송이 되어
나뭇가지마다 꽃송이 매달고

차가워지는 은하수를
달빛이 포근하게 감싸네

태백산 고사목과 눈꽃

힘든 세상살이 지극한 보살핌으로
이웃의 정 깊어지는 고요한 산

나뭇잎 떨어져 벌거숭이 된 나무들
흰 구름 눈이 되어 알몸 감싸 주네

태백산 고사목 초기 사진 1991년

죽어 있는 구상나무 살아 숨 쉬도록
메마른 가지마다 꽃송이 매달아 주고

서로 허물 덮어주는 여유와 손길로
북돋워 주는 태백의 배려 배웠으면

속삭이는 태백산

태백산 겨울 풍경

눈 내리는 태백산
누구에게 보여주려는가

심심산골에 순백의 눈 내려
깨끗해진 겨울 풍경

눈꽃으로 장식한 능선 눈부신데
보아주는 사람 보이지 않네

가만히 바라보며 생각하니
보여주기 위해 솟은 산 아니라며

자신이 할 일 자기 스스로 찾아서
말없이 내리는 눈처럼 살라 하네

태백산 비경秘景

태백산 고사목 초기 사진(1989년)

원시시대로 돌아가고 싶을 때
생명의 동굴 태백산에 가보자

자연과 합일된 산속 어울림
순진무구한 겨레의 성산

백설 잦아진 골의 신비함
숨은 골짜기 탈속 혼령들

오르지 않고는 볼 수 없는 산속 설경
그냥 이루어지지 않는 아름다움이어라

스스로 자연이 되고자 하는 사람들
눈꽃 핀 온천지 깨끗한 세상이네

태백산에 올라보니

태백산 고사목

어서 오십시오 반갑습니다
여기는 태백산 설원雪原입니다

느낄 생각일랑 하지 말아요
있는 그대로 보고 있으면 감동이 와요

오르기 위한 산행山行 아니기에
비워야 볼 수 있는 내면을 응시해요

쉬면서 앞을 바라보는 행위行爲
반복할 때 제 할 일 보여요

겨울 태백산

태백산 고사목(1991년)

하늘 열리고 눈이 내리면
새들도 둥지서 나오지 않고

가지 못하는 길 아름답듯이
폭설로 막힌 길 눈꽃 피었네

쉬는 여유 찾아가는 겨울
바삐 움직여야 사는 세상

구름 사이로 내리쬐는 햇살
밝아오는 능선 고요한 평화

사랑이 머무는 골짜기에
기다리는 시간도 행복이지

0 0 2

설악산

Seoraksan Mountain

꿈꾸는 설악산

설악산 국립공원 가을

단풍 물든 산비탈 알록달록
구름 떠가는 산마루 뭉게뭉게

산 오를 때마다 하늘 보는 사람
산 오를 때마다 꿈꾸는 사람이라

아름다운 앞날 생각하는 사람들
뜻 이루고 나면 허망함 느낄까 봐

가을 산 더욱 붉어지는 낙엽들
하늘 우러르며 바다 구름 펼치는가

설악산 토왕성폭포

설악산 토왕성폭포

눈처럼 하얀 산 날카로운 기암절벽
설악이라 이름을 받은 산의 폭포수
한가위 날 쌓인 눈 하지에 녹아

눈 녹아 물보라 휘날리며
정직한 물 곧은 물살 세차게 흘러
물방울 서로 엉켜 물보라 반복하는 폭포

수증기들 만나 빗줄기 이루고
빗줄기들 어울려 넘쳐흐르는 물방울
더 큰 뜻 이루기 위해 뛰어내리고

동해東海 용왕 찾아서 떠나는 물줄기
황금빛 신성함도 산마루 타고 내릴 때
정다운 사람 함께하듯이 무지개 상봉하고

만남으로 성장하는 사람들처럼
줄기찬 지혜 한없이 흘러내리는
하얀 물결 깨끗하구나

설악산 가을 풍경

설악산 1275봉의 가을1

구름바다 눈부심으로 곱게 물든 산
저마다 사연 하나쯤 가슴에 품고

어린 날의 순수함으로 돌아가고파
산을 오를 때마다 속마음 닦으며

숲을 헤치며 나아가는 힘든 발걸음
맑게 흐르는 계곡의 전설을 만나

살아 움직이는 구름 속을 떠돌며
신화가 되는 별빛으로 물든 단풍이라

눈물 나도록 아름다운 가을 산
감동의 산울림 되돌아오네

설악산에서

설악산 1275봉의 가을2

세상을 새롭게 하려는
나무들의 성실함으로
산봉우리마다 붉게 물든 산

철들 무렵 아이들처럼
철 따라 새 옷 입는 식물들
철들어야 열매 맺는 꽃

꽃잎 지고 시간 흘러
오만한 마음 떨쳐버릴 때
사람도 자연처럼 성숙하고

해마다 사계절이 있기에
생사병로生死病老 보여주듯
천변만화 가을 산 선명하구나

설악산 운해

설악산 범봉 운해1

축복 내리는 아침 햇살 나무 위에 앉아
눈망울 반짝이며 바라보는 계곡의 넉넉함을
망망대해로 펼쳐질 여유로움 만끽하고 있는 산

축복 내리는 아침 햇살 가지 끝에서
가지마다 꿈을 키우는 영롱한 이야기들 속삭이며
사람들 맞이할 채비로 활짝 웃는다

훈훈한 바람 씩씩한 용기 불어오는 산기슭
하늘 쪽빛 찾아가는 구름 살며시 침착하게
지극한 정성 골고루 베푸는 하얀 손길이라
사람들 흐뭇하게 할 다정한 얼굴 고요해

할머니 주름살 속 환한 내일
어머니 손길로 다듬어지는 오늘
해맑은 운해 아이의 맘 꿈꾸게 하네

설악산 범봉

설악산 범봉 운해2

날카롭고 위태로운 바위에도 나무는 자라
풍경화 속 내리는 운무에 젖는 산 빛 가락

천궁天宮으로 하늘 위에 우뚝 솟은 산봉우리
창공蒼空을 울리는 교향악처럼 시간을 통과하고

신라 천년의 역사를 노래하는 그때처럼
우륵의 음률 청아한 가야금 소리 울리고

백성을 사랑했던 경순왕 하늘 두려움 알았고
마의태자 흐느낌은 설악바위 산봉우리 적시며

세상 사는 변화의 흔적 신비로움으로 감싸네

설악산 화채능선

설악산雪嶽山 화채능선華彩綾線과 울산바위

태고의 신비를 간직한 하늘 아래
바다 같은 생명의 물결 위 잔잔한 구름

그리움의 물 추억의 증기로 감싸는 산마루
땅속 온기로 정든 산비탈에 돋아난 염원의 빛

투명한 빗물 혈관을 타고 흐르며
계절의 산 빛 찬란한 얼굴 내밀고

정갈한 계곡마다 숨겨놓은 인연들
묵은 것을 비우려는 끊임없는 시도試圖

하얀 날개 활짝 펼치는 평화로운 양떼구름
지친 하루 말끔하게 씻어내려나

설악산 설화

설악산 대청봉 500m 아래 설화

뒹구는 낙엽과도 같은 삶
자전하는 땅 흔들리는 춤사위
바람 그칠 날 없이 살아가고

좋은 날 지나 추운 날에도
설악산 대청봉 500m 아래 떨기나무
꽃을 피우기 위해서
차디찬 허무虛無를 모아서
담담하게 쌓이는 눈보라

바람에 휘날리며 날아오르는
하얀 눈꽃 낙화하는 오후
환호 속 고요함도 함께하리라

흔적마저 지우려는 바람결에 떠밀려
비상하더라도 추락을 생각해야 하는
슬픈 운명 타고났음을 직감하면서

오늘도 꽃은 피고 지고 또 피어나는
산야에서 바람에 휩쓸리는 존재임을
슬퍼하지 않을 기쁨이 서 있네

0 0 3

백 두 산

Baekdusan Mountain

백두산 천지 운무

백두산 서파 5호 경계비에서 본 천지 운무

오랜 옛날에 아주 오랜 옛날에
사람이 왜 생겨났을까?

끝없이 이어지는 질문
우리 님 어떻게 존재했을까?

머물고 싶은 본디 고향
자연스러운 일 천지에게 물어봐

사랑은 뜨거운 불덩이로 솟아
살아 있는 생명으로 숨을 쉬지

백두산 천지 이야기

백두산 동파 6호 경계비 주변에서 본 천지

억만년 억만년
억만년 동안 생명을
잉태하기 위해

몇억 년 몇억 년
오랜 세기 동안 양수羊水를 마시며
사랑의 열기熱氣로 자라난 아이야

세상에 사람들이
사랑하며 살아가고

천지는 새알이더냐
천지는 어머니 품속이더냐
천지는 부화孵化하셨네

빛은 아버지라

백두산 서파 5호 경계비 아래서 본 천지

빛으로 빛으로
오랜 세기 동안 여물은
사랑의 씨앗 하나

밝은 세상 숨결로
발효돼야 되사는 영혼
대지의 자궁을 열고

이 땅에 생명들이
샘솟아 숨을 쉬며 살아가니

태양이 빛이더냐
태양이 아버지의 정이더냐
태양은 공기를 주시었네

백두산 설경

백두산 서파 5호 경계비 주변 눈 덮인 천지

흰 눈 덮인 산
아득하기만 하네

마음속까지 청결해지는
몸과 정신

숨 멎은 듯 고요함마저
깨끗이 잠들고

선경仙境에 든 님의 침묵
따뜻한 햇볕 말없이 스며드네

백두산 비룡폭포

북파에서 내려다본 비룡폭포

천지에서 흘러내리는 폭포수
하백河伯의 혼령 깨워서 흐르고

용왕담 빙설 녹아
물속에 잠든 삼룡三龍도 깨워

송화강 원천 고요한 달빛
이도백하진에 모여서

말발굽 소리로 달리는 물줄기
만주벌 누볐던 주몽의 화살처럼
흘러가는 세월 되돌아올까

백두산 주상절리

북파 비룡폭포 아래 주상절리

주상절리로 아픈 산하
민족의 넋이 깨어져
통증을 보듬고 있나 봐

기이한 바위의 운명
기구한 나라의 장래
뜨거웠던 열정 어디로 가고

척박한 땅 이슬 내려
돌덩이 물에 불려 돋은 이끼
조각난 상처 감싸 주네

불함산 천지

서파 와호봉에서 본 천지

하늘 아래 운무에 휩싸인 불함산
천지변天池邊에 파인 신의 발자국

단단하고 야무진 땅 신들의 놀이터에
우윳빛 물결 일렁이는 산봉우리 아련하고

꽃 피우기까지 억년의 세월
햇볕에 그을린 회색빛 산골짜기

속살 드러낸 거친 땅바닥의 삭막함을
구름이 촉촉이 적셔 주려는가

돌 속에서도 새싹이 움트고 있겠지

백두산의 여름

서파 청석봉에서 본 천지1

하늘 맑아 흰 구름 두둥실 피어오르는 희망찬 날에
환한 웃음 속에 손짓하는 하얀 꽃들 활짝 피어나고
능선에 핀 꽃들 예로부터 전하는 고운 인사 예절이라

화합과 단결로 민족혼이 살아서 숨 쉬는 땅에
치솟은 험준함도 인간의 존엄함을 꺾을 수 없으리라
오르는 수고로움 바위구절초 그윽한 향기

밝은 내일을 지향하기까지 온갖 고초를 겪어야 하듯
산꼭대기 오르는 길 험난하다지만 잘 닦은 도로 있고
우리의 소원 조국 분단의 앞날을 그 누가 걱정하리오

천둥 멎고 빗줄기 그쳐 흰 구름 기뻐하며 춤추고
천지에 모습을 드러낸 산봉우리마다 꿈을 안고서
좋은 날의 향연 산등성이 따라 굽이굽이 펼치리라

백두산 꽃잔치

서파 청석봉에서 본 천지2

노랑만병초 돋보이는 청명한 날에
천지는 구름에 휩싸여 여러 생각에 젖고
드높은 이상을 향해 환한 세상 나아가리라

빛이 스며드는 구석마다 밝은 마음
반짝이는 창의력은 내일을 여는 열쇠
오늘도 쉼 없이 내달리는 용기 내봐라

급변하는 시대 찬란한 꿈을 꾸며
새 시대 새로운 일꾼으로 거듭나는
변화에 대응하는 능동적인 인간을

화창한 날 밝음의 힘 쏟아부어
서로서로 빛으로 밝혀주는 꽃 잔치
잔치에 초대된 사람 행복하리라

아름다움을 찾아서

순백의 산 조용히 하늘 받치며
화려한 네 모습 보여주지 않아

드러나지 않고 보여주지도 않는 순정
바람도 잠든 산골짜기 완만한 곡선미

백두산 지하삼림지역

줄지어 선 나무들의 순리 행렬
앞서지도 뒤서지도 않는 행보

눈 감으면 떠오르는 새색시 볼처럼
능선 저편에 님의 발자국 있으리라

백두산 경계비를 보며

남파 4호 경계비에서 본 천지

꿈이 자라는 백두산록
천지에 터전을 잡은 물고기들
지상과 천상 경계 허물고
이 땅에 내려오신 환웅님
너와 나 우리로 이어지는 마을에

새나라 새 터전 이루었던 곳
콘크리트 말뚝이 박히고
쇠줄로 쳐진 경계선에 부는 바람
물방울이 모여 이룬 산정 호수

몸과 마음 꽁꽁 얼어버린 빗장을 풀고
천지를 넘나들며 푸른 하늘을 향해
붕새 한 마리 하늘을 덮는다
구름의 춤사위 남북이나 동서로
가고 싶은 방향으로 맘껏 비상하는
자유스러운 구름바다 보여 주네

백두산 땅속 기암

백두산 지하삼림지역 땅속 기암

땅속 기암들 솟아나 우거진 마을 숲
원시의 화산 속 날카로운 모습
묻혔던 용암 물에 녹아서 흐르고
돌 사이 흙들도 씻겨 해맑은 바위

흙을 덮었던 땅 움푹한 고랑마다
치유의 산림 푸르름으로 감싸며
칼바위 위에 머문 흰 구름도
한여름 밤 희망의 꿈으로 자라나고

가파른 절벽 파인 웅덩이마다
고인 역사 슬픈 빗물 흘러 모여
강으로 흐르는 땅 구석구석까지
평화의 물 철철 넘쳐 났으면

백두산 자작나무

백두산 지하삼림지역 자작나무 군락지

철조망보다 빼곡하게 솟아
별들도 내려다보지 말라는 듯

백작보다 높은 자작이라며
자작자작 닿아 있는 나무들의 엄청난 사열
동족 향해 겨냥했던 총과 대포처럼
형제들 대화마저 들어볼 틈조차 주지 않으려고
무엇이 저렇게 얼어붙은 땅 위에
엄청난 장막을 쳤을까요?

봄이 오면 흘러내리는 물결 따라
하늘 별 바라보았던 동심으로 돌아가
조금씩 조였던 틈새 풀며
새싹 나무들 돋아 사이좋게 가지 뻗고
화해의 물결로 녹아내리는 눈밭
언젠가 황토로 돌아가겠지

침묵의 숲 입술 크게 벌려
보고 싶다고 외치는 소리 들리는 듯

불함산 분화구

백두산 지하삼림지역 첫 분화구

고령화된 땅속 스며든 기다림
강력한 국방력만 자랑하는 풍토 속에
만날 사람 보기 점점 힘들어지고

옹기종기 사는 동네 어느 곳인들
두루두루 뻗어 내린 산줄기마다
우리의 삶 미치지 않을 곳 있으랴

형제 상봉의 진한 감동도 멎은 지 오래
시원한 물 마시려 물길 찾아 뻗어가는 뿌리
분화구에 고인 물 넘쳐흐르는데….

속내마저 숨기지 않고 보여주는 광기狂氣
지하에서 흐르는 물 시리지나 말 것을
물속에 감춘 바위들도 뾰족할까

영산설원 靈山雪原

청석봉과 옥설봉 사이에서 본 천지 설경

청산은 본디 값없고 욕심 없다 했지요
우리가 가야 할 길 백두산아 말해보렴
화산이 폭발하여 현무암 천지 되기까지
산 높고 험해도 맑은 영혼 흐려지지 않고
사랑의 열기로 뜨거워진 용암을
하늘에서 내린 만년설로 식혔는가

우리 영산靈山 담백한 영혼의 내력
아들의 아버지 손자의 할아버지인지라
나 또한 할아버지 손자요 아버지의 아들이기에
불함과 태백으로 불리었던 백두산
사는 이치 이러한데 왜 꽁꽁 얼어붙었을까

송화강 원천지 비룡폭포 이어 이도백하진
수시로 펼쳤던 꿈 너는 나를 안을까 봐
천지 물 결빙 풀고 넘쳐흐르는 물길
남남북녀 마주 보며 다시 함께하는 날
하루빨리 이뤄야 할 우리나라 한마음 한뜻
서로서로 웃으면서 손발 척척 맞았으면

천문동 소천지

북파 천문동에서 본 소천지

용암 식어 쌓이고 쌓인 높은 산마루
종상으로 중앙하구 분출한 화산

하늘의 해와 달 별들도 담고자 하였으나
드러내지 않은 바위 얼굴 신비한 물속

용왕담 청정한 물과 자작나무 주변
울창한 숲 산림지대 이루었구나

산정에 선 사람들 나약한 모습 충전하고자
지금도 백두산 물 마시고 있을까

백두산 천지를 보며

천변만화 구름에 싸여
순백으로 잠 못 이루는 산

물안개만 피워 올리는 산봉우리
오르내리는 길에 사람들 찾아오면

봄볕 스며들도록 빙판 녹이는 소리
움켜쥔 손마디 끝에 전해지는 온기

쾌청한 마음 밝아오는 하늘 새벽
신령한 천지 신비한 기운 피어나네

동파 6호 경계비에서 본 천지1

백두산 천지 야생화

바람결에 흔들리는 기쁨으로
햇빛에 실려 오는 야생화

고요한 숨결 남은 얼음 녹이며
생각에 젖은 산비탈 꽃을 피우네

울림 얕아도 산 향기 휘날리는 감미로움을
온몸으로 받아들이는 산새들의 합창 그리워라

대자연의 신비 일깨워줄 산의 지혜
홀로 서 있어도 외롭지 않을 나무 서 있네

백두산 동파 6호 경계비 아래서 본 천지 만병초와 들쭉꽃, 구상나무

백두산 찬가

빙하시대 만년설 고산기후 정상에
천지연 얼음 녹고 폭포수 넘쳐흘러
장군봉 시조새 모여 기원했던 새 나라

아들딸 낳고 낳아 번성한 자손들
바위마다 새겨진 우리 역사 읽어내어
등정한 사람들마다 나라 사랑 이루고

오늘 하루 착실히 살아가는 일이라
무궁한 우리나라 가슴 깊이 새기며
백두산 봉우리마다 잠든 혼령 깨우네

동파 6호 경계비에서 본 천지2

뭉글뭉글 피어나는 하늘 뭉게구름아
몽글몽글 자라나는 우리 아이들 모여
송글송글 솟아나는 꿈의 땀방울 돋고

둥실둥실 올라라 하늘로 오를 수 있게
방실방실 웃으라 다 같이 나눌 수 있게
덩실덩실 춤추라 모두가 즐길 수 있게

이글이글 끓지 말라 차분하게 살아라
두리뭉실 살지 말라 또렷하게 살아라
글썽이는 눈물 빛난 오늘 하루 좋으리

우리나라 방방곡곡 이 강산 평화를
배달민족 겨레붙이 이 땅에 자유를
대한민국 세계만방 온 나라 행복을

백두산 천리천평 개마고원 평탄면
한반도 금수강산 우리 모두 하나로
저마다 타고난 천명 발휘하며 살고파

분화구 원천지

백두산 원천지 부근

화산이 솟은 자리
또 화산이 솟구쳐

두견화 참꽃으로 피어서
접동새 울음으로 우는 평원

고난의 세월 잠재적 뜨거움
여전히 식지 않는 온천수

수평선으로 닿지 못하는 동족
혈육 소식 기다리는 사람들 있나 봐

언제, 남과 북 하나 될까

백두산 천지 일출

백두산 천지 일출

이 땅에 내리신 사랑의 입술
억만년 전 붕새처럼 천년의 학같이
세상 사람들에게 하신 말씀

해의 빛으로 이 땅을 밝혀
태양의 힘으로 영원한 생명을
우리의 가슴으로 이웃 세상 따뜻하게

소리 없이 울리는 여명의 함성
다 함께 뜻과 힘 모아서
복된 땅 행복 평화 이루라 하네

0
0
4

한 라 산

Hallasan Mountain

한라산 설국 雪國

신생대 분출했던 화산
다섯 번 반복하면서
바다에서 솟은 서귀포 현무암
제주 현무암과 조면암도 함께 모여
동심원상의 등고선을 만들어
분출噴出된 산 섬이 되어
분석구噴石丘 삼백육십오일
산은 오름을 품고

한라산 백록담(1950m)에서 본 360도 설국 파노라마

신성한 나라 탐라국耽羅國

불로초 찾아온 서불徐市

산정 넓고 깊은 분화구 솥에

맑고 깨끗한 백록담白鹿潭 물 담아

희망찬 노래 하늘 푸르름으로

잠든 평화 우는 흰 사슴

설원雪原에서 휘날리는 노랫소리

가슴을 열고 숨 고르네

세계인의 사랑 울려 퍼지네.

한라산 무릉도원

한라산 영실(1650m)에서 본 백록담

    딸 아들 쑥쑥 낳아 키우면서
    억년 세월 산과 용암동굴 만들어
    오름들 많은 세계世界의 섬

    태평양 바다 넓고 넓은 바다
    나라 평안 백성 물결 넘실거릴 때
    지극정성으로 키운 생명의 소중함이라

대문과 거지 없으니 도둑도 없어
불로불사不老不死 신선神仙의 마을
영등할망 치마에 싼 흙산 사계절 꽃밭이라

하늘거리는 코스모스 하늘
봄에는 청보리와 유채
여름에는 백일홍과 해바라기

고을나 부을나 양을나의 삼성혈三姓穴
단풍 떨어져 국화 피니 눈꽃도 피어
세계자연유산 등재되었다네

한라산의 가을

글썽이는 눈물구름 꿈틀대는 산
산속 새들의 울음도 숨죽여
눈이 부시도록 꽃 핀 산하 단풍 아름답다

말이 없어도 메아리치는 산
개성의 바람 따라 찬란한 나무들
제 빛깔로 곱게 물들고

산울림 기쁨으로 상쾌한 가을
충전되는 삶 만끽하려는 행렬
이어지고 있다

영실 볼레오름(1392m) 가을

한라산 분화구

위기의 바람 불어대는 산
아버지 뜻을 어긴
총명부인의 고통이더냐

해마다 강력한 바람 불어올 때
멈추게 하려는 오름들 생각
천지대왕께 제물 올리고

바닷바람 잠재우려는 설문대할망
세찬 바람 구름 몰고 달려올 때
태풍의 눈 감겨 잠재웠나 봐

하늘 박씨 싹을 틔워
부부의 정 오르내렸던 동굴
축복의 땅 흔적이네

백록담 남벽에서

백록담 남벽(1750m) 한라산의 봄 철쭉

밥 먹듯이 산을 오르며
아름다움을 찾아가는 사람들

구름 흐르는 산 정상에 서면
탁 트인 전망도 시원하니

꽃으로 피어나는 산비탈에
포기할 수 없는 목숨을

한 올 실뿌리 억척같이 내려
바위 틈새 비집고 나온 꽃송이

평지 꽃들과 서로 어울려
생명의 신비 열창하네

백록담 구름 이야기

한라산 윗세오름(1740m) 노루샘에서 드론으로 촬영한 백록담(1950m)

사람들은 새가 되고 싶어
하늘 우러르며 높이 날았지

너와 나 우리 함께 사는 지구촌
분리되는 인류 어떻게 이해해야 할까

더불어 살아가야 할 동족이
구름에 가려 점점 멀어지는 세태

하늘과 땅 분리되지 않을 세상
허물어진 경계 복원해야 할 분화구

상황 변해 세상 바뀌었음을
아직도, 사람들이 왜 모를까

한라산 여명

영실 약 1680m에서 드론으로 촬영한 한라산의 여명

매일매일 어둠을 밝히는 해
밝아오는 아침 기쁘게 맞이하라고
즐거운 하루 되라며 따스함을 전하듯
태양은 한라산에도 떠오르지

한 줄기 빛 암흑을 걷어내며
시대의 흐름 따라 봐서는 안 될 일
함께하는 세상 기다리는 사람들
보아왔던 지난 일 왜 돌아보지 않을까

앞 못 보는 맹인처럼 어둠에 싸여
너와 나 우리로 통합되는 확장된 자아自我를
한라와 백두가 같은 지구촌이라는 믿음
아직도 부족하기 때문이지

한라산 눈꽃 잔치

한라산 백록담(1950m 주변) 고사목 설화

생명의 향연 잔잔한 음률 펼쳐지는 마당
죽어서도 되살아나는 고사목에 핀 송이 꽃
찹쌀 담가 만든 백설기처럼 새하얗고

눈밭 끝없이 이어지고 하늘 또한 푸르니
탁 트인 산야 순백의 신비함이 휘날리고
움츠렸던 꽃봉오리 뻥튀기처럼 터진 꽃

가만히 지켜보고 있을 보살핌의 시간
활짝 핀 꽃들 풍성한 산야의 대축제
다가오는 봄날 좋은 소식 펼쳐지리라

한라산 겨울 백록담

눈으로 뒤덮인 백록담

눈 덮인 백록담
잠든 돌들도 하얗고

영혼이 숨 쉬는 순백의 영산
신선의 수염도 희구나

고인 물 얼어버린 하얀 눈밭에
뛰놀던 흰 사슴 입김도 꽁꽁 얼어

숭고한 영혼
순결의 침묵만 흐르네

한라산의 설경

관음사 아래 용진각에서 본 백록담

신화神話의 물결 일렁이며
고고한 기상氣像 서린 기암절벽

사람의 발길마저 끊어진
설원雪原의 꽃밭

구름바다 위 떠 있는 설산雪山
고요한 땅 신성한 기운起運 감돌고

사랑과 평화 희망의 상징
부지런하고 강인한 인고忍苦의 정신

너울대는 구름 민족의 숨결인가
당당한 위풍 장엄한 인품 같구나

한라산 고사목 군락지

한라산 영실 구상나무 군락지 고사목

자연이 쓴 제주 역사
죽어서도 천년을 사는 나무

역사를 기록하는 고사목
분노의 순간들 삭이고

몽고말 사육지 성산읍 수산평水山坪
항파두리 항쟁 삼별초 김통정金通精

세월 속에 빚은 탐라의 숨결
외침이 빈번했던 흔적들인가

한라산의 봄

한라산 남벽 1690m에서 본 진달래꽃

보고 또 보고픈 봄날
보고 싶으니 봄이다

아름다운 산 고요한 마루
꽃들의 합창 들려오고

지저귀는 새들도 나뭇가지 위에 앉아
기쁨을 가져다주는 설렘의 노랫소리

계절이 서로 양보하며 차례를 지킬 때
참꽃으로 핀 산의 향연 울려 퍼지고 있네

한라산 가을 오름들

영실(1350m)에서 본 가을 오름들

신령스러운 산세 한라산 오름들
신화 창고 산제 지냈던 흔적 있고

사냥꾼이 옥황상제 배꼽을 건드리자
화난 천제 한라산 꼭지 뽑아 던져 생긴 산

남쪽 하늘 노인성老人星 보려고
산 위에 올라 은하수 당겨온 산이라

자긍심 건드리면 화를 내는 하늘나라 신
신령에게도 인간미 남아 있을까

한라산 어리목산장

영실(1350m)에서 본 어리목산장과 오름

하늘 같은 바다 태평양
그 위에 떠 있는 제주도

어리목의 산장 아련히 보이고
운해는 저녁연기로 피어오르니

설문대할망과 오백 명의 아들 집
저녁밥 짓는 풍경 꿈속에 보이는 듯

끝없이 펼쳐진 구름바다
아직도 신선이 살고 있나 봐

한라산 오백장군

한라산 영실에서 본 오백장군과 병풍바위

제주도에 산이 없고 짐승도 살지 않아
설문대할망이 치맛자락에 흙을 담아 와
한라산과 368개 올망졸망한 오름들 만들어
아들 오백 명 낳아서 살았다 해요

흉년 들어 사냥해서 끼니 이을 생각에
아들 위해 죽을 쑤다 솥에 빠져 죽으니
그것도 모른 자식들 배가 고파 맛있게 먹던 중
뼈다귀를 보고서야 어머니 찾아 나서고

슬피 울다 바위가 되었다는 전설
영실기암과 차귀섬 오백장군 이야기라
아이는 슬피 울다 피눈물 흘리니
땅속으로 스며든 피 철쭉꽃으로 피어났나 봐

한라산 산정호수

한라산 368개 오름 중 가장 높은 사라오름(1324m, 둘레 2481m) 산정호수

보아라 보이지 않느냐
흰 사슴 발자국을 보았을까

목마른 짐승 떼 지어 오도록
호수의 물 찰랑찰랑 담아놓고서

고요한 밤 둥근달 뜨면
사슴들 찾아서 왔잖아

하늘나라 신선들 내려와
놀다가 천국으로 몰고 갔어

한라산 백록담 설화

한라산 1700m에서 본 백록담 남벽의 첫눈 설화

첫눈
오는 날
한라산에 올라
백록담 바라보면
커다란 송이 꽃으로
보이는
산이네

한라산 영실 주변 설경

한라산 영실 주변 설경 1985년

서귀포시 법종동 영실
눈보라 헤치며 올라서니

하늘 맑아도 세찬 바람
폭설이 남긴 흔적을 보며

두 뺨에 스치는 바람결
살아 있음이 천만다행이라

긴 그림자 드리운 무덤처럼
침묵의 산 회오리 눈보라

제주도가 태풍의 방파제란 말
영실 상봉에서 실감實感하였네

005

금 강 산

Geumgangsan Mountain

그리운 금강산

금강산 설경1

못 보았기에 떠올림도 없고
꿈에서조차 생각나지 않는 얼굴

흐릿해지는 동족의 모습과도 같은 산
찬 바람에도 휘날리지 않는 눈물 고여 있네

아무것도 몰라 마냥 좋았던 날
철없던 시절 그냥 지나가고

눈물 마를 날 없는 잠깐 상봉相逢
깊고도 깊은 아픔의 산골짜기라

금강산 설경

금강산 설경2

보고 싶은 금강산
누가 아름답다 했는가

남쪽 동무들 관광 오라 하면서
잠잘 곳에 희생된 헐벗은 숲

온 산에 나무들 베어낸 흔적
백설白雪이 부끄러워 덮었구려

가난 면하려는 모질고 질긴 날들
외화벌이에 눈이 먼 그날이 무심하구나

006

덕유산

Deogyusan Mountain

덕유산 일출

덕유산 일출

생명 한 점 사랑의 불빛으로 솟아
광활한 산야를 따뜻하게 품는 일출

황금산의 물결 포근한 햇볕 보듬고
짙은 어둠을 서서히 밝히는 순간들

신라 백제 다투면서 만났던 구천동
넘나드는 통문 사람들 경계 허물고

조용한 눈밭 얼어버린 찬 마음들도
눈꽃으로 피어나는 새 아침 빛나리라

덕유산의 역사

덕유산 고사목과 설경

웅장한 산세 계곡의 미학美學
세월의 무게 울창했던 식생植生들

짓눌려 꺾인 고사목의 쓸쓸함
힘찬 그 열정 되살릴 수 있을까

아침 햇살로 밝아오는 새날
다시, 역사를 쓰고 있는 복된 산야

찬란한 문화전통 반짝이는 사고史庫의 향기
고른 숨 차분하게 끝없이 쉬고 있네

덕유산 향적봉

덕유산 향적봉

휘날리는 눈발 구름 되어
흘러가는 세월 속 잔잔한 산비탈

눈에 덮인 암반 평정봉平頂峰
평온한 숨결 토심 깊은 능선의 샘

끝없이 이어지는 행렬도 잠시
쌓인 눈밭에 모습을 감추며

외적을 물리친 산야의 함성도
바람결에 스쳐 고요해진 산봉우리

겨울 덕유산

덕유산장 주변 설경

흰 눈 덮여 적막한 산야
아득한 곳에 있는 산장

온 천지 하얀 눈 털어내는 나무
우뚝한 기상과 자상한 가지들

중생대 백악기 신라층의 능선
자줏빛 퇴적암도 감추어놓은 산비탈

단순히 무심하게 올라야 할 정상
오르는 사람들 지켜보는 은빛 평원

먼 하늘에서 아련히 들려오는 봄소식
차분히 따뜻하게 맞이하려나

덕유산 설화雪花

덕유산장 주변 설화

누구 없소 그 누구 없어요
하얀 눈 하늘 파랑 어울리며

비할 데 없을 깨끗함으로 핀 꽃
봄꽃의 화려함도 가을 단풍의 찬란함도

이 세상 어떤 아름다움보다도
온통 하양으로 꾸며놓은 산 눈부셔

바람은 계절을 담고
산은 귀를 쫑긋 세우며

가지에 조심스레 매달려 있는 눈꽃
잔잔한 꽃송이마다 우리 소원 빌어주네

덕유산 설경

덕유산 설경

하늘나라 석공들이 다들 모여
봄소풍 와서 쪼아놓은 산봉우리
보석같이 단단한 바위들의 뾰족함

영롱하게 맑고 청아함을 점점 더해
짙어지는 산마루마다 빛나는 고요함
하늘 물 모아 발원하는 산

북동 사면은 금강 상류로
서쪽 사면은 구리향천 칠연폭포 용추폭포 지나 안성분지로
남동 사면은 거창 위천을 거쳐 황강과 낙동강으로

호국護國의 물줄기 이루는구나.

덕유산 고사목

덕유산 입구 고사목

나뭇잎 떨어져 쓸쓸한 날
외로움 달래려 흰 눈 펑펑 내려
이불 솜 깔았으나 눕지 못하고
자긍심의 세월이 만든 중력의 질량
홀로 서 있는 고사목의 자세와 기품
당당하고 늠름하여 더 슬프고 가련하구나
철 지난 영달榮達과 명예로움 지키려
한 시절 고통도 참아내는 역경의 날들을
지켜보는 안타까운 나무들 빛나고
수평선 하얀 거품으로 밀려오는
겉치레를 언제 벗어던질까
세월이 흘러도 변하지 않는 생의 질량
아름답고 강건剛健하나요

덕유산 함박눈

덕유산 제석봉 입구 설경

감사해요 고맙습니다
애정도 지나치면 힘겨워요
적당히 사랑해 주세요
지나치면 부담스러워요
감당할 수 없는 님의 선물

감사해요 고맙습니다
축복도 지나치면 불행이어요
적당하게 복을 내려주세요
넘치면 낭비가 심해져요
담을 수 없는 하늘의 은총

별님과 달님 보고 싶어요

덕유산 별천지

덕유산 고사목과 설경

하늘 맑아 흰 구름 두둥실 피어오르는 희망찬 날
능선에 핀 꽃들의 인사 예로부터 전하는 고운 예절이라
손짓하는 환한 웃음 속에 머금었던 애정 활짝 피고

화합과 단결로 민족혼이 살아 숨 쉬는 땅
치솟은 험준함 인간의 나약함 꺾을 수 없고
서리와 빙설도 바위구절초 그윽한 향기 막을 수 없네

밝은 내일을 지향하기까지 온갖 고초 겪어야 하듯
산꼭대기 오르는 길 험난하다지만 잘 닦은 도로 있고
오르는 수고로움 대신에 다가오는 앞날 걱정하리오

천둥소리 멎고 비 그쳐 흰 구름 기뻐하며 춤추고
천지에 모습을 드러낸 산봉우리마다 꿈을 안고서
산 능선 따라 꽃 핀 좋은 날의 향연 펼쳐지네.

덕유산 일몰

덕유산 일몰 1985년

정상으로 오르는 발걸음
시간과 공간이 하나 되어 오르며
지금이라는 순간 여기 있구나

오르면 오를수록 떨어지는 체력
다시 떠오를 해가 서산에 기울면
되살아나는 신비 내일로 솟으리라

순수한 마음으로 바라보는 산의 풍경
자연과 나 하나로 잠기는 저 하늘
고요한 저녁노을 혼연일체가 되고

너와 나 구분이 없는 세상
세계인의 평화 이곳이 안식처라
편히 쉬고 싶어라

덕유산 아카펠라

덕유산 제석봉 주변 설경 1985년

하늘 경계 허물어진 지점에서
눈 덮인 산등성이 아스라한 곳까지

윙윙 세차게 불던 겨울바람도 멈춰 선 산비탈
힘들었던 하루 수고로움 툭툭 털어내고픈 산

꽃 핀 나무들 스러질 듯 스러지지 않은 채
안간힘으로 버티고 선 모습 안쓰러워도

고요한 산야 함께 불렀던 노동요 울릴 때
들려줄 하모니 눈부시도록 하얗구나

눈에 덮인 덕유산 나무들

덕유산 제석 능선 설경

무거운 짐을 진 사람들처럼
눈에 눌려 웅크린 모습

하늘과 땅 사이 눈밭 덕유산
고개 숙인 작은 나무들

신음하는 눈빛 통곡의 눈물
말없이 울고 있을 결빙된 혼령들

몸으로 지탱할 땅
힘든 고통의 일상이라

녹고 녹아서 흘러내릴 때
누가 있어 얼룩진 두 뺨 닦아 주려나

007

지리산

Jirisan Mountain

지리산 천왕봉

지리산 천왕봉 1982년

3도 5군이 모여 하나의 산세를 이루니
웅장함을 자랑하는 산 정상 천왕봉에서

地異山으로 쓰고 지리산으로 읽는 영산靈山
頭流 豆流 頭留 斗星 斗流로 쓰였던 '두래산'

영주산과 봉래산 더불어 방장산이 삼산三山이고
묘향산을 합치니 우리나라 사대성산四大聖山이라

세상 속 묵은 때 씻어내는 바람결에
흰 구름 떠가는 맑고 깨끗한 하늘 아래
지리산 천왕봉 표석에 깃든 여명의 빛

당차고 야무진 돌 황금으로 물들이니
바다와 같이 펼쳐진 구름도 말없이 지켜보고
새벽을 여는 희망찬 새날이 밝아오네

지리산 제석봉 설경

지리산 제석봉 설경

찬 바람 멈춘 산하 우뚝 선 나무처럼
태어나서 늙고 병들어 죽어가는 사람
산에 묻혀 자연으로 돌아가니

삭풍의 무심함을 말할 수 없는
기억의 시간 넘어서 닿을 상념想念
살아 있는 온기 봄 아지랑이 되려나

쓸쓸한 무덤 따뜻하게 감싸주며
춥고 메마른 땅 솜이불 같은 눈
살아온 여정 허물마저 덮어주네

천왕봉 일출

지리산 촛대봉에서 본 천왕봉 일출

금빛 물결 일렁이는 수평선
지리산 촛대봉에서 바라본
천왕봉 일출 남다르고

날마다 새로운 아침을 맞이하지만
새해 아침이 되어서야 사람들은
의미를 부여하고 다짐을 하네

부족함 느끼며 살다 보면
행복을 잊었는가 싶어도
부족하기에 채우는 슬기 있기를

끊임없이 변화되는 우주에서
지리산도 공전과 자전하면서
새롭게 태어나려고 애쓰고 있네

지리산 설화

지리산 천왕봉 아래 약 1900m 설화

설화가 가짜 꽃이라는 걸 알면서도
지리산 꽃구경하다 하산할 때

운해로 덮여버린 산속에서
잘 보이지 않던 지리산 풍경

낮은 곳에서 정상을 바라보니
비로소 얼굴을 드러내는 산

비워야 채울 수 있음을
보여주는 눈꽃 다시 보고 싶네

지리산 고사목

지리산 구상나무: 세석산장에서 2년 숙성 후 제석봉으로 옮겨 심은 것

지리산 구상나무
자식 키워 산에 심었구나

바람에 일렁이며
그 자리에 서서

젊음을 되찾은 듯
어린나무 재롱을 보며

활발하게 살아온 나무들도
세월 속에 죽어가고

죽어서도 나무의 단단함을
흔들림 없이 얘기하고 있네

노고단 운해

지리산 노고단 운해

해운대 동상과 합포별서가 있다는 말
전해지는 지리산 오르니

바다의 구름(海雲)으로 불리다 고독한 구름 되어
하늘로 간 최치원이 그리워지고

선생께서 남기신 선명한 시와 문장
노고단의 구름바다처럼
아름답고 깨끗하구나

반야봉 운해

지리산 반야봉 운해와 원추리꽃

해맑은 운해에 가려
아스라이 보이는 천왕봉

환한 대낮 보이는 것조차
높고 낮음 분별하기 어려운데

원추리꽃 피어 찬란한 봄날
진정 바로 보는 눈 가졌을까

정보화시대 펼치지는 운무
가까이할수록 보이지 않는 세상

아름다움을 그냥 아름답게
바라보는 올곧은 이를 그리워할까

제석봉 고사목

지리산 반야봉이 바라보이는 제석봉

진실로 맑아지는 깨끗한 운해
반야봉에 서린 작은 금빛 떼구름
원시의 지리산 아픈 동족의 흔적들이라

양민 학살 산동네
세월 잠에서 깬 붉은 잠자리
온 산을 붉게 불태웠을까

푸른 하늘에 비상하는 구름
치욕의 경계 하얀 눈 뒤덮으며
고사목에도 눈꽃이 피네

지리산 운해

지리산 약 1850m 설경과 운해 아래 백무동

둥지 잃고 도피했던 깊은 산
망망한 살림살이 운해 속에서
하얀 기상 설화로 우뚝 솟아

하늘 닿기 위한 몸부림의 아우성
앞이 보이지 않았던 시절의 짙은 어둠이라
흰 눈 밟으며 조용히 산정으로 오르고

폭설 내리고 바람 불어 숨 가빴던 순간
없어짐으로써 비로소 토하는 탄성
겨울 지리산 강인한 생명력으로

낙락장송 홀로 서 있네

노고단 일몰

고된 생활 절박했던 순간
반짝이었던 삶도 저무는 해처럼 지는가

평온한 풍경 속 설산의 저녁놀
한 줄기 빛을 따라 기약할 내일

지리산 노고단의 일몰

봄이면 피어날 진달래
남도아리랑 음률로 피어나고

끓는 피 타는 가슴 스며든 눈밭
일렁이며 뒹굴던 눈보라 잠들겠지

지리산의 봄

지리산 바래봉 철쭉

찬란한 꽃들 무수히 피어나
무한히 펼쳐지는 순수함

어둠을 걷어내는 고요한 산야에
거대한 침묵 꿈틀대는 생명들

음계音階가 흐르는 산
태고의 꿈 활활 타는 열정

은하계 타고 내려온 별빛 사랑
신비롭게 온 산에 펼쳐져 있네

천왕봉 운해

지리산 천왕봉의 운해

하늘을 보고 하늘을 그리워하는
하늘 창공 막연한 그리움
온 세상 만물에 대한 그리움이라

포용한다는 것이 그리움인 줄 아는
순수 여백에 담을 수 있을 천진난만함을
기억해주는 것이 기다림인 줄 아는
그리움은 사랑의 변주곡

봉긋 솟은 산 얼굴 붉히는 영혼
운해에 싸여 보이지 않는 몸짓으로
기다림의 순정 구름 같아라

노고단 원추리

지리산 노고단의 원추리1

철들 무렵 돌개바람 부는 하늘
한여름 바다 하얀 포말 일렁이며
땅바닥에 핀 원추리꽃 눈부시고

숨 가쁘게 달려온 세월의 대변혁기
노고단 꽃밭에 앉은 열정의 햇살
꽃봉오리 여물며 열어야 할 새로움이라

시대의 사명으로 피어난 꽃
기후변화에 생태환경 지켜야 할
이웃의 정, 함께할 여유도 없을까

꽃들이 모여 다정히 의논하는 모습을
하늘과 땅 사이 사람들 보고 있네

꿈꾸는 지리산

지리산 노고단의 원추리2

여름의 절정에 선 지리산 노고단
꽃들은 저마다 빛을 담아 밝히려는 세상

복된 땅 행복 꽃 피울 너와 나의 염원
변혁의 하늘 새로운 물결처럼

청백리를 꿈꾸는 관료들의 지상명령
온 힘을 다해 노력해야 할 오늘임을

굽이치는 역사의 흐름 계속되는 하늘 아래
지극정성으로 꽃 핀 노고단 원추리

구름 한 조각에도
희망의 각오 품고 있네

지리산 일몰 日沒

해마다 반복되는 일상 속에서도
날이 저물어야 기다려지는 태양

유람하던 사람들이 떠난 지리산 노고단
별을 관찰했던 날의 일몰 아름다웠지

지리산 노고단에서 본 일몰

밤 되어 찾아온 은하수 하늘 세상
어둠이 깊을수록 더욱 돋보이는 별

우주 속으로 비상하는 반짝이는 별
지구촌 저 멀리 꿈의 다리 건너고 있네

백무동 계곡

지리산 백무동 계곡

비가 엄청 온 지리산
사람들 발길 끊어지고

흐르는 냇물처럼
산길에서 치솟는 물보라

자연재해로 생긴 폭포수
천재지변의 아름다움이라

변화에
대응하지 못한
재앙일지라도
비 그치면
뼈 드러낼 길바닥

태곳적 빗물도
계곡 길 따라 흘렀을까

지리산 제석봉 철쭉

지리산 제석봉 철쭉

산새들 고요히 불러놓고
삭막한 땅 풀빛 짙어지도록

빛을 담는 따뜻한 사람들
겨울을 딛고 꽃 피우네

흰 구름 두둥실 떠오르듯이
노래하는 산 봄 향기 가득하고

고사목 둥우리 깨끗이 손질해
앉을 자리 마련하는 거친 손

나라와 백성들의 안녕
방방곡곡에 메아리치리라

지리산 반야봉 철쭉

지리산 촛대봉에서 세석산장 방면으로 본 반야봉과 철쭉

축제장에 꽃들 피어나고
바람결에 신비함도 더해지는
환해지는 빛 물든 산봉우리

양떼구름 저 멀리 은하수 건너가면
얼룩진 세상 정화淨化되는 마음
깔끔한 희망도 넋을 잃고 바라보지

세석산장에 짐 풀었던 손님
밤새도록 나눈 눈부신 봄 이야기
대자연의 장엄함이라

지리산 제석봉

지리산 제석봉 고사목

파도처럼 밀려오는 하얀 운해雲海
지저귀는 새 울음도 멈추어 버린 산

삭막한 풍경 하나 무심한 세월 속에
영혼도 잠시 멈춰버린 썰렁한 하늘

고뇌를 벗어버리고 싶은 메마른 일상
바다와 같은 구름으로 새로움을 품고

상상력으로 자랄 나무들의 꿈
푸르른 날 기다리며 지켜보네

용추폭포에서

지리산 용추폭포

산정에 내린 깨끗한 빗물
세속에 찌든 욕심도 씻어내어
여울지며 잔잔해지고

그리움을 쏟아내는 폭포수
가을 지리산 연인들 모아
한마음 한뜻으로 넘치는 물 향기

쉼 없이 채워지는 세월 속에
모난 구석 깎아내어
웅덩이 깊어지네

| 평설 |

산山에서 느끼는 인생의 맛과 멋
―윤종덕 명산 시집 《머물고 싶은 고향》을 읽고

안화수 시인

1. 들어가면서

 윤종덕 시인은 자유시, 동시, 시조를 비롯하여 한시까지 쓰는 문학인이다. 뿐만 아니라 사진, 서예 등 예술 분야에 뛰어난 재능을 갖고 있는 우리 지역의 대표적인 시인이기도 하다.
 저서로는 시집 《청아 청아 연꽃 청아》, 《풀잎 눈망울》, 수필집 《바보 연습》, 《달빛 가득한 행복》, 시평설집 《맑은 ᄆᆞ음 깊은 노래》 등이 있으며, 편저로는 《경상남도 연극사》, 《한글 문화유산 용어 사전》, 《다사전茶事典》, 《큰바위얼굴 논리·논술 기초》, 《독서와 논술》, 《사보와 기업 문화》 등이 있다. 여기에서 그치지 않고, 향토사

학가로서 지역 문화 진흥과 역사 정리와 발굴 작업에 많은 논문을 발표하기도 했다. 이처럼, 시인이 삶을 얼마나 치열하게 살아가고 있는지를 단번에 알 수 있다.

산을 노래하면서, 시에 사진을 곁들여 사실감을 드러내 주는 시 사진詩寫眞. 시와 그림이 함께하는 시화詩畵는 가끔 볼 수 있어도 시와 사진이 함께하는 시집은 흔하지 않다.

윤종덕 시인은 이번 시집《머물고 싶은 고향》에서 우리나라 명산의 풍경 사진을 통해 자신의 마음을 담아내고 있다. 명산의 운해, 운무, 능선, 설경, 폭포, 꽃, 기암, 나무, 분화구, 구름, 일출, 일몰, 봉우리 등을 묘사한 데서 시인의 마음을 세세하게 읽을 수 있다. 더욱이 우리나라 10대 명산인 태백산을 시작으로 설악산, 백두산, 한라산, 금강산, 덕유산, 지리산 들의 아름답고 신비스러운 풍경에서 삶의 이치를 깨닫고 이웃을 배려하려는 마음이 엿보이기도 한다.

  찬 바람 멈춘 산하 우뚝 선 나무처럼
  태어나서 늙고 병들어 죽어가는 사람
  산에 묻혀 자연으로 돌아가니

  삭풍의 무심함을 말할 수 없는
  기억의 시간 넘어서 닿을 상념想念

살아 있는 온기 봄 아지랑이 되려나

쓸쓸한 무덤 따뜻하게 감싸주며
춥고 메마른 땅 솜이불 같은 눈
살아온 여정 허물마저 덮어주네 —〈지리산 제석봉 설경〉전문

 더욱이 제석봉에 쌓인 눈을 보면서, 산의 눈은 사람들의 허물마저 덮어준다고 했다. 온 천지를 하얗게 덮은 눈이 지상의 모든 얼룩을 보이지 않게 덮는다. 적어도 내년 새봄이 오기까지는 하나도 보이지 않게 우리의 좋지 않은 부분을 가리고 있다.
 인간의 삶에 도움을 주는 산은 지리산만이 아니다. 한반도의 여러 산이 제각각 특색 있는 모습으로 산을 찾는 이들에게 감동을 준다. 다음 시는 백두산의 꽃을 노래한다.

빛이 스며드는 구석마다 밝은 마음
반짝이는 창의력은 내일을 여는 열쇠
오늘도 쉼 없이 내달리는 용기 내봐라

급변하는 시대 찬란한 꿈을 꾸며
새 시대 새로운 일꾼으로 거듭나는

　　　　변화에 대응하는 능동적인 인간을

　　　화창한 날 밝음의 힘 쏟아부어
　　　서로서로 빛으로 밝혀주는 꽃 잔치
　　　잔치에 초대된 사람 행복하리라　　　　―〈백두산 꽃잔치〉 부분

　빠르게 변화하는 현대 사회를 살아가기 위해서는 변화에 능동적으로 대응하고 창의력이 있어야 한다. 시인은 산의 꽃, 백두산의 꽃을 보러 오는 사람이야말로 행복으로 가는 길임을 표현하고 있다.
　또, 한라산이 한반도를 위해 얼마나 큰 배려를 하는지 보자.

　　　긴 그림자 드리운 무덤처럼
　　　침묵의 산 회오리 눈보라

　　　제주도가 태풍의 방파제란 말
　　　영실 상봉에서 실감實感하였네　　　―〈한라산 영실 주변 설경〉 부분

　태풍이 가는 길에 맞서는 제주도는 한반도의 방패가 된다. 관광지로서의 가치도 중요하지만, 태풍이 오는 길목에서 자연재해의 제방 역할을 한다. 제주도는 곧 한라산이다. 한라산이야말로 남을

위해 희생하는 신의 선물 같은 존재이다.

 산은 마음의 고향이다. 사계절 형형색색으로 변화하면서 우리를 보듬는다. 잠깐이라도 우리 곁을 떠난 적이 없다. 그 자리에서 찾는 이들을 언제나 반긴다. 잘난 사람 못난, 있는 사람 없는 사람 가리지 않고 모두를 포용한다. 이처럼 산은 어느 특정한 사람을 편애하지 않고 누구에게나 똑같은 선물을 준다. 산의 매력이다.
 산을 오르는 행위는 건강한 체력을 요要한다. 인간의 한계점을 도달하려는 자기성취自己成就의 희망으로 신비의 세계로 나아가고자 할 것이다. 이는, 자연과 하나 되는 물아합천物我合天의 주객의 간격을 없애려는 노력이라 하겠다.
 전통적으로 우리나라는 산山에 대한 신성함과 더불어 시인이라면, 자아의 직관直觀이 갖는 안목으로 대상의 본성과 만나서, 어떤 새로운 경지에 도달하려는 뜻을 가질 수 있을 것이다. 이러한 측면에서 윤종덕 시인의 시편을 좀 더 살펴보자.

2. 독자들을 위한 평설

 에드거 앨런 포는 "시란 미美의 음악적인 창조이다."라고 했고, 윌리엄 워즈워스는 "시란 힘찬 감성의 발로이며, 고요함 속에서 회상

되는 정서情緖에 그 기원을 둔다."라고 했다. 이를 바탕으로 윤종덕 시인의 시를 읽어본 후의 첫 느낌은, 창조의 미와 정서를 동시에 담고 있었다. 그것을 간략하게 표현해보면, 시인 특유의 해맑은 언어 감각으로 이웃 사랑과 민족의 아픔 등의 정서적 측면과 자연의 아름다움에서 미적 희망을 창조하려는 시의 율격을 잘 보여 주고 있다.

윤종덕 시인의 시는 고요함과 기운생동氣韻生動의 목소리가 감상적이거나 격양激揚되지 않고도 평화로운 햇살처럼 영롱하게 반짝이고 있다. 한마디로 천진난만한 시인의 품성이 빚어내는 투명하고, 고운 시어詩語가 쉽게 발견된다.

J.G. 피히테는 "언어가 인간에 의하여 만들어지기보다는 사람들의 언어에 의해서 만들어지고 있다"라고 했듯이, 시인은 서문에서 "시인이 산을 노래하는 것이라기보다, 산이 시를 읊고 노래한다."라고 밝히고 있다. 나아가 시의 언어일지라도 정감이나 사유를 전달해 주는 실용적인 가치 또한 지니고 있기 마련이다. 시인의 열정적인 시 창작을 통해서 독자에게 보여주고자 하는 시세계를 다음과 같이 살펴보았다.

(1) 눈꽃에서 이웃에 대한 사랑을 배우다

태백산의 설화雪花를 보는 시인의 마음은 어떨까? 한 치의 빈틈도 없이 하얀색으로 덮인 태백산의 눈꽃을 보면서 아직도 신선이 있다고 생각한다. 무릉도원이 따로 없다. 나뭇가지에 붙어 꽃송이처럼 보이는 눈꽃이 가득한 그곳이 아름다운 세상, 행복한 사람들이 살고 있는 무릉도원이다.

   아름다운 세상 행복한 사람들
   모두 꽃으로 피어나는 산

   구름과 눈꽃이 어우러진 선경仙境
   이곳이 무릉도원이구나

   기운생동氣韻生動의 창공
   화기애애和氣靄靄한 대지

   꽃은 열매 맺기 위해 피고
   씨앗은 땅을 번성하게 하는 일

   말없이 많은 말을 하는 태백
   고요한 산 웅변雄辯이어라   —〈태백산 설화雪花〉 전문

추위에 떨고 섰을까 봐
　　　헐벗은 나무 욕심도 버려
　　　흰 솜이불 덮어주고

　　　세상에 사람들
　　　숨 쉬며 잘 살아가라고
　　　죽은 나무 꽃 피우네　　　　　　—〈태백산 고사목〉부분

　고사목, 이상 더 죽을 수 없는 나무이다. 그러니 영원하다. 외국에서는 크리스마스트리로 쓰기도 한다는데, 나무에 눈이 쌓인 모습이다. 나무가 추위에 떨까 봐 눈으로 덮었다. 흰 솜이불로 덮었단다. 이 또한 눈꽃이다. 다음의 시에서는 눈꽃을 이웃에 배려하는 모습으로 비유한다.

　　　나뭇잎 떨어져 벌거숭이 된 나무들
　　　흰 구름 눈이 되어 알몸 감싸주네

　　　죽어 있는 구상나무 살아 숨 쉬도록
　　　메마른 가지마다 꽃송이 매달아 주고

서로 허물 덮어주는 여유와 손길로
   북돋워 주는 태백의 배려 배웠으면

                              —〈태백산 고사목과 눈꽃〉 부분

  어머니의 품처럼 넉넉한 지리산은 사계절 아름답기로 널리 알려져 있다. 그중에서도 비경에는 천왕봉 일출, 반야 낙조, 노고단 운해, 피아골 단풍, 세석산장 철쭉 등을 꼽는데 유독 눈꽃을 보고 느끼는 마음은 또 다르다.

   운해로 덮여버린 산속에서
   잘 보이지 않던 지리산 풍경

   낮은 곳에서 정상을 바라보니
   비로소 얼굴을 드러내는 산

   비워야 채울 수 있음을
   보여주는 눈꽃 다시 보고 싶어라.   —〈지리산 설화〉 부분

  흰 눈이 살아 있는 꽃이 아님을 안다. 생각을 더 잘하기 위해 생각을 비워 다시 생각하는 것이 참된 생각이리라. 운해가 가득히 덮

인 산, 보이지 않는 지리산 풍경이 더 잘 보이는 이유이듯 하산한 뒤에 정상을 바라보니 산속에 있을 때 잘 보이지 않던 산에 눈꽃 피어 다시 오르고 싶다고 한다. 이렇듯 비움은 채우기 위한 것이라기보다 비워야 저절로 채워지는 자연스러운 순리의 이치이다. 모든 것은 스스로 이루어질 때 아름답다는 것을 전하는 장면이다.

(2) 민족의 아픔을 간직하다

지리산 제석봉 고사목에 하얀 눈이 내렸다. 시대의 아픔을 하얗게 덮어버렸다. 새봄, 쌓인 눈이 녹으면 아픔이 드러나기도 하겠지만, 그때는 세월이 아픔을 지운다. 한때 온 산을 불태웠던 아픔도 고사목의 눈꽃이 쓰다듬었다.

　　　　진실로 맑아지는 깨끗한 운해
　　　　반야봉에 서린 작은 금빛 떼구름
　　　　원시의 지리산 아픈 동족의 흔적들이라

　　　　양민 학살 산동네
　　　　세월 잠에서 깬 붉은 잠자리
　　　　온 산을 붉게 불태웠을까

　　　　푸른 하늘에 비상하는 구름

　　　　치욕의 경계 하얀 눈 뒤덮으며

　　　　고사목에도 눈꽃이 피네　　　　　　　―〈제석봉 고사목〉 전문

"어리석은 사람이 머물면 지혜로운 사람으로 달라진다."는 지리산. 한자로는 '智異山'이라고 쓰고, '지리산'으로 읽는다. 남도의 여느 산과 마찬가지로 의병 활동과 빨치산의 본거지로 우리나라 근현대사의 큰 아픔을 안고 있는 지리산에도 봄이면 꽃이 피고 가을이면 단풍이 곱게 물들고, 겨울이면 흰 눈이 쌓인다.

　제주도의 한라산도 이에 못지않다. 고려시대 삼별초의 난에서 4·3항쟁에 이르기까지 제주도민은 힘들게 살아왔다. 자연의 피해만 해도 감당하기 힘든 상황인데 외침이 빈번했으니 제주도민의 어려움은 오죽했으랴. 제주도는 외침의 어려움은 달할 나위도 없겠지만, 그보다 4·3항쟁은 뼈아픈 역사를 대변한다.

　　　　자연이 쓴 제주 역사

　　　　죽어서도 천년을 사는 나무

　　　　역사를 기록하는 고사목

　　　　분노의 순간들 삭이고

몽고말 사육지 성산읍 수산평水山坪
　　　항파두리 항쟁 삼별초 김통정金通精

　　　세월 속에 빚은 탐라의 숨결
　　　외침이 빈번했던 흔적들인가　　　　―〈한라산 고사목 군락지〉 부분

　아직도 화합하지 못하는 동족의 아픔을 한라산 백록담에서 넋두리한다.

　　　사람들은 새가 되고 싶어
　　　하늘 우러르며 높이 날았지

　　　너와 나 우리 함께 사는 지구촌
　　　분리되는 인류 어떻게 이해해야 할까

　　　더불어 살아가야 할 동족이
　　　구름에 가려 점점 멀어지는 세태

　　　하늘과 땅 분리되지 않을 세상
　　　허물어진 경계 복원하고픈 분화구

상황 변해 세상 바뀌었음을
　　　아직도, 사람들이 왜 모를까　　　　—〈백록담 구름 이야기〉 전문

　금강산의 흰 눈은 부끄러움을 덮었다. 남한 사람들이 금강산을 관광했을 때, 연료로 쓰기 위해 화목을 베어낸 그 자리의 헐벗은 모습에 마음 아파한다. 온 산에 나무들 베어낸 흔적을 부끄러워 흰 눈이 덮어주었다고 한다.

　　　남쪽 동무들 관광 오라 하면서
　　　잠잘 곳에 희생된 헐벗은 숲

　　　온 산에 나무들 베어낸 흔적
　　　백설白雪이 부끄러워 덮었구려

　　　가난 면하려는 모질고 질긴 날들
　　　외화벌이에 눈이 먼 그날이 무심하구나　　—〈금강산 설경〉 부분

(3) 역사를 이야기하다

　순수와 여백, 창공과 대지의 조화 속에 힘차게 내디딘 발자국, 그

흔적을 역사라고 한다. 삶이 곧 역사이기를 주인의 삶을 살아가는 고통을 극복할 수 있는 자가 세상을 바로 볼 수 있는 안목을 가졌다고 볼 수 있다. 즉, 주인의 눈에는 모든 것이 보인다. 자기 나라를 사랑하는 사람이 자기 나라의 앞날이 보인다. 곧 나라 사랑이다. 그리고 이웃 사랑의 핵심이다.

  시인의 고향은 경남 함안군 대산면이며, 본관은 칠원漆原 윤씨이다. 그는 고향을 그리워하는 마음이 강하며, 가문의 족보에 대하여도 상당한 조예가 보인다. 더 나아가 우리 민족의 역사에 대해서도 깊이 천착하고 있다는 것을 알 수 있다. 시집의 첫머리에 우리나라 역사의 시초가 되는 태백산의 천제단을 올려놓았다.

    선캄브리아기 흰 자갈과 모래
    성산聖山임을 보여주는 산

    신성한 산마루 밝아오는 여명
    하늘에서 환웅桓雄이 내려오셨다네

    세상이 새롭게 태어나려는가
    하늘 열리고 땅 솟으니

생명의 근본根本은 태양이라

밝음은 햇빛이 보여주는 힘이지

더불어 단군성전도 함께 세웠으니

종묘사직宗廟社稷 영원하리라　　　　　　—〈태백산 천제단〉 전문

　태백이라는 말은 한배달, 한밝뫼라고도 불린다. 크고 밝다는 의미로, 하늘에 제사를 지내는 데서 유래되었다고 한다. 하늘에서 내려온 환웅桓雄은 단군의 아버지이다. 환웅은 하늘에서 무리와 풍백, 우사, 운사를 이끌고 신단수에 내려와 신시를 세우고, 곰이 여자로 변한 웅녀熊女와 혼인한다. 이들 사이에서 탄생한 사람이 바로 우리 민족의 국조로 받드는 단군檀君이다. 환웅이 내려온 땅, 즉 태백산은 우리 겨레에게 하늘과 땅을 이어주는 매개체로서 중요한 역할을 한다고 볼 수 있다.

　태백산 천제단은 돌을 쌓아 만든 거대한 제단으로, 민족사의 설화說話에도 등장한다. "세상이 새롭게 태어나려는가/ 하늘 열리고 땅 솟"았다. 이름하여 개천절開天節, 지금도 매년 10월 3일을 기하여 제의를 행한다.

　칼바람에도 꿈쩍 않는 겨울의 태백산, 천제단은 그 위엄을 더한다. 태백산에는 삼한 때 천제를 지내던 장소로 신성불가침 지역이

었던 소도가 있다. 하늘과 통교하던 공간이었다는 점에서 신령스러운 산이며, 우리 겨레의 시원이라고 할 수 있다.

우리 민족의 영산靈山인 백두산 천지를 보면서 개인의 출생을 통해 인류의 역사를 이야기하는가 하면, 산 정상의 신비스러운 호수를 어머니의 품속에 비유한다. 어머니의 자궁 같은 천지는 알을 품고 인간을 품고 드디어 세상을 만든다고 한다. "빛으로 빛으로/ 오랜 세기 동안 여물은/ 사랑의 씨앗 하나// 밝은 세상 숨결로/ 발효돼야 되사는 영혼"(〈빛은 아버지라〉)에서 태양은 빛이고, 아버지의 사랑이라고 표현하여 우리의 시작을 말한다.

>몇억 년 몇억 년
>오랜 세기 동안 양수羊水를 마시며
>사랑의 열기로 자라난 아이야
>
>세상에 사람들이
>사랑하며 살아가고
>
>천지는 새알이더냐
>천지는 어머니 품속이더냐
>천지는 부화孵化하셨네 　　　　　—〈백두산 천지 이야기〉 부분

이런 생각은 천지의 운무를 보면서 떠올리기도 하는데, 천지를 "머물고 싶은 본디 고향"이라고 단정하고 있다.

> 오랜 옛날에 아주 오랜 옛날에
> 사람이 왜 생겨났을까?
>
> 끝없이 이어지는 질문
> 우리 님 어떻게 존재했을까?
>
> 머물고 싶은 본디 고향
> 자연스러운 일 천지에게 물어 봐 　　—〈백두산 천지 운무〉 부분

(4) 자연에서 희망을 바라다

현실이 어려워도 참으며 살아가는 것은 미래가 있기 때문이다. 가진 사람은 더 많은 것을 갖게 되기를, 없는 사람은 당장 필요한 것을 바란다.

> 흙을 덮었던 땅 움푹한 고랑마다
> 치유의 산림 푸르름으로 감싸며

칼바위 위에 머문 흰 구름도
한여름 밤 희망의 꿈으로 자라나고

가파른 절벽 파인 웅덩이마다
고인 역사 슬픈 빗물 흘러 모여
강으로 흐르는 땅 구석까지
평화의 물 철철 넘쳐 났으면 　　　―〈백두산 땅속 기암〉 부분

  백두산 지하 삼림 지역의 땅속 기암들 솟아난 모습을 마을에 빗대고 있다. 평화의 물이 흘러넘치기를 바라는 마음, 그 마음은 한반도에 평화가 가득하기를 염원하는 것이다.

꽃 피우기까지 억년의 세월
햇볕에 그을린 회색빛 산골짜기

속살 드러낸 거친 땅바닥의 삭막함을
구름이 촉촉이 적셔 주려는가

돌 속에서도 새싹이 움트고 있겠지 　　　―〈불함산 천지〉 부분

무에서 유를 창조하려는 것도 희망이다. 생명력이 강한 식물은 시멘트의 틈새를 뚫고 머리를 내밀기도 한다. 돌 속이라고 예외는 아니다. 거칠고 메마른 땅바닥을 구름이 적셔 주기를 바라면서 새싹, 즉 우리의 미래가 밝아지기를 희망한다.

산을 노래한 시를 통해 자기 자신을 돌아볼 수 있을 때 독자들에게 사랑을 받을 것이며, 스스로 삶의 빛을 찾아갈 수 있으리라 확신한다.

덕유산 일출을 보면서 새 아침이 밝아올 것을 희망하고 있으며, 겨울 덕유산을 노래하면서 새봄을 기다리기도 한다.

>
> 신라 백제 다투면서 만났던 구천동
> 넘나드는 통문 사람들 경계 허물고
>
> 조용한 눈밭 얼어버린 찬 마음들도
> 눈꽃으로 피어나는 새 아침 빛나리라 　　　―〈덕유산 일출〉부분
>
> 단순히 무심하게 올라야 할 정상
> 오르는 사람들 지켜보는 은빛 평원
>
> 먼 하늘에서 아련히 들려오는 봄소식
> 차분히 따뜻하게 맞이하려나 　　　―〈겨울 덕유산〉부분

(5) 분단을 안타까워하며, 남북통일을 염원하다

　남북으로 분단된 조국이 안타깝다. 남녘의 산들이 대부분 이데올로기의 대립으로 인한 아픔의 흔적을 갖고 있다면, 북녘 땅의 산들은 사진으로만 볼 수 있어서 아쉬움이 크다. 대표적인 산으로 백두산과 금강산이다.
　백두산의 자작나무를 보면서 이념의 장벽을 크게 느낀다.

　　　철조망보다 빼곡하게 솟아
　　　별들도 내려다보지 말라는 듯

　　　백작보다 높은 자작이라며
　　　자작자작 닿아 있는 나무들의 엄청난 사열
　　　동족 향해 겨냥했던 총과 대포처럼
　　　형제들 대화마저 들어볼 틈조차 주지 않으려고
　　　무엇이 저렇게 얼어붙은 땅 위에
　　　엄청난 장막을 쳤을까요　　　　　―〈백두산 자작나무〉 부분

　백두산의 자작나무에서 분단의 아픔을 느낀다. 빼곡하게 줄지어 선 자작나무를 보면서 남북분단의 상징인 철조망을 떠올리고 있

다. 나무가 얼마나 빽빽했으면 형제들의 대화를 들어줄 수 없을 정도일까? 남북한의 이데올로기를 장막으로 갈라놓는다고 본다. 그러나 작품의 뒷부분에서 "봄이 오면 흘러내리는 물결 따라/ 하늘별 바라보았던 동심으로 돌아가/ 조금씩 조였던 틈새 풀며/ 새싹 나무들 돌아 사이좋게 가지 뻗고/ 화해의 물결로 녹아내리는 눈밭/ 언젠가 황토로 돌아가"기를 희망하고 있다.

　백두산에서 조국의 분단을 걱정한다. 아무리 산이 높고 물이 깊어도 인간의 존엄함에 미치지 못할 것이라고 한다. 시인은 더운 여름 백두산에 오르는 수고를 바위구절초의 향기에서 위안을 얻지만, 분단된 우리의 앞날을 걱정해 줄 사람이 없음을 걱정한다.

　　　화합과 단결로 민족혼이 살아서 숨 쉬는 땅에
　　　치솟은 험준함도 인간의 존엄함을 꺾을 수 없으리라
　　　오르는 수고로움 바위구절초 그윽한 향기

　　　밝은 내일을 지향하기까지 온갖 고초를 겪어야 하듯
　　　산꼭대기 오르는 길 험난하다지만 잘 닦은 도로 있고
　　　우리의 소원 조국 분단의 앞날을 그 누가 걱정하리오
　　　　　　　　　　　　　　　　　　　―〈백두산의 여름〉 부분

또, 원천지를 보면서, 영산의 설원을 보면서 남북이 하나 될 날을 고대한다. 지난 세월 힘든 나날이었지만, 하나 되겠다는 그 뜨거운 마음만은 지금도 펄펄 끓고 있다. 꽁꽁 얼어붙은 얼음도 봄이면 녹는 법, 폭포에서 흘러내린 물이 얼었다 녹아 남쪽의 남자와 북쪽의 여자가 함께 만나 마주 볼 날을 기다린다. 서로의 만남이 하루빨리 이루어져 한마음 한뜻으로 함께할 수 있기를 바라는 마음 간절하다.

고난의 세월 잠재적 뜨거움
여전히 식지 않는 온천수

수평선으로 닿지 못하는 동족
혈육 소식 기다리는 사람들 있나 봐

언제, 남과 북 하나 될까 　　　　　　　―〈분화구 원천지〉 부분

송화강 원천지 비룡폭포 이어 이도백하진
수시로 펼쳤던 꿈 너는 나를 안을까 봐
천지 물 결빙 풀고 넘쳐흐르는 물길
남남북녀 마주 보며 다시 함께하는 날

> 하루빨리 이뤄야 할 우리나라 한마음 한뜻
> 서로서로 웃으면서 손발 척척 맞았으면 　―〈영산설원靈山雪原〉 부분

　이번 시집에 금강산을 노래한 작품은 두 편밖에 없다. 필자는 윤종덕 시인과 사반세기 전에 금강산 기행을 했던 적이 있다. 경남문인협회 회원의 자격으로 경남문인협회에서 주관하는 행사였다. 우리는 벅찬 마음으로 금강산의 절경을 카메라에 담았다. 그런데 금강산 사진을 보고 쓴 작품이 고작 두 편이라니. 벅찬 감정 때문일까. 차제에 더 많은 작품을 창작할 수 있는 기회가 주어지기를 바란다.

> 아무것도 몰라 마냥 좋았던 날
> 철없던 시절 그냥 지나가고
>
> 눈물 마를 날 없는 잠깐 상봉相逢
> 깊고도 깊은 아픔의 산골짜기라 　―〈그리운 금강산〉 부분

　지난날 눈에 담기는 했지만 꿈에서도 나타나지 않았던 금강산. 70여 년 분단된 우리 민족의 모습과도 같다며 눈물 가득하다. 언제 다시 마음 편하게, 자유롭게 볼 수 있기를 간절히 희망한다.

설악산에서 금강산으로, 한라산에서 백두산으로 자유롭게 산행할 수 있는 그날이 오기를 기대하면서 윤종덕 시인의 또 다른 다음 작품을 기대해 본다.

이상에서 살펴보았듯이, 윤종덕 시인은 이번 시집을 통해서 이웃에 대한 사랑과 배려, 동족의 아픈 흔적, 역사 속 주인의식, 자연에서 희망 찾기, 분단의 안타까움과 통일에 대한 염원에 이르기까지, 시의 세계가 우리나라 사람이면 누구나 산을 신성하게 생각하거나, 한번쯤 분단의 아픔과 통일에 대한 생각을 우리 국토인 산을 통해서 산신제山神祭를 올리듯, 염원하는 바는 일반인과 다를 바 없다. 다만, 이러한 시인의 희망이 남달리 지극한 정성과 가슴 깊이 우러나는 애정의 용광로로 사람 사이에 소통을 가로막는 장막의 경계를 허물고, 뜨겁게 솟아나는 온천수와 같이 뜨겁게 융합하고, 깨끗하게 욕심을 비우며, 씻어 내려는 정갈한 마음과 하늘에 닿을 천진무구함이야말로 뜨거운 차원을 넘어 태양처럼 찬란하다.

3. 마무리

지금까지 윤종덕 시인의 시집에 대한 읽기에 충실했다. 그래서 시인이 성취하고자 하는 시의 정곡正鵠에 접근하지 못했다. 윤종덕 시인이 시인이기 이전에 평론가이기에, 그의 평론집《거듭남의 시학》을 이번 기회에 탐독했다.

평론집에서 사유의 확장이라는 부분에 1) 가슴 두근거림 시, 2) 생각 드러냄 시, 3) 뜻 세움 시, 4) 상상 펼침 시, 5) 절실함 시, 6) 궁리 시 7) 발견과 깨침의 시라는 대목이 나온다. 그중에서 시인이 추구하는 시세계가, 이번 시집에서 절실함과 발견 및 깨침의 영역에 닿아 있다는 느낌을 받았다.

서론에서 대상의 본성과 새로운 경지의 도달이라는 숙제를 상기하면서, 결론을 마무리하기 위해, 정통적으로 제유적提喩的 사유와 유기적 세계관이라는 1) 대대對待, 2) 의인관擬人觀의 프리즘을 통해 다음과 같이 한번 살펴보았다.

여기서 '대대'란 서구의 개인주의와 기계론적 세계관에 의해 공동체가 파괴되는 근대의 경험을 말하는 것이라 하겠고, '의인관'은 자연으로서의 인간을 의미한다. 그래서 자연과 인간이 대화를 나누는 수사학적인 장치로서 시세계의 형상화와 더불어, 이 시대를 전통을 바탕으로 하여, 새로운 세상으로 재구성하고자 하는 시대의 비전으로, 하나의 대안을 제시하고 있다 할 것이다.

윤종덕 시인은 천진난만한 품성으로 '대대'적인 측면에서는, 〈한라산 설경〉에서 "사랑과 평화 희망의 상징/ 부지런하고 강인한 인고忍苦의 정신// 너울대는 구름 민족의 숨결인가/ 당당한 위풍 장엄한 인품 같구나"라 하면서 자신의 인품과 빗대면서, 〈지리산의 봄〉에서 "음계音階가 흐르는 산/ 태고의 꿈 활활 타는 열정"과 "은하계 타고 내려온 별빛 사랑"을 이야기하고 있다. 이러한 모습과 더불어, '의인관'으로 드러나는 예로는 〈덕유산 함박눈〉에서 "애정도 지나치면 힘"겹고, "축복도 지나치면 불행"이라면서 〈덕유산 별천지〉에서 "천둥소리 멎고 비 그쳐"서는 "산 능선 따라 꽃 핀 좋은 날의 향연 펼쳐"진다고 노래하고 있다. 그러면서도, 〈덕유산 설화〉에서는 "바람은 계절을 담고/ 산은 귀를 쫑긋 세우며", "잔잔한 꽃송이마다 우리 소원 빌어" 준다고 믿고 있다.

〈노고단 원추리〉에서 "꽃들이 모여 다정히 의논하는 모습"과 〈천왕봉 운해〉에서의 "세상 만물에 대한 그리움"으로 풀어내면서, 포용과 순수여백, 사랑의 변주곡 등으로 의인화된다. 나아가, 〈제석봉 고사목〉에서는 "치욕의 경계 하얀 눈 뒤덮으며/ 고사목에도 눈꽃이 피네."라고 감탄하면서, 〈지리산 제석봉 철쭉〉에서 "빛을 담는 따뜻한 사람들/ 겨울을 딛고 꽃" 피우고, 〈지리산 일몰日沒〉에서는, "우주 속으로 비상하는 반짝이는 별/ 지구촌 저 멀리 꿈의 다리 건너고 있네"라고 상상한다. 그리고는 〈덕유산의 일몰〉에서도 "너와 나 구분이 없는 세상/ 세계인의 평화 이곳이 안식처"라고 조국의 화합과 세계인의 평화를 일깨워주고 있다. 끝으로, '발견과 깨침'이라는 시적 형상화와 관련하여 다음 시편을 읽는 것으로서 마무리하고자 한다.

"지혜로운 사람은 물을 좋아하고[知者樂水], 인자한 사람은 산을 좋아한다[仁者樂山]. 지혜로운 사람은 움직이고, 인자한 사람은 고요하다. 지혜로운 사람은 즐겁게 살고, 인자한 사람은 장수한다."《논어》에 있는 공자의 말이다.

윤종덕 시인은 산을 좋아한다. 인자하다. 잔머리를 굴리며 세상을 얄팍하게 살지 않는다. 자아를 무척 사랑한다. 자기애의 극치는 온갖 구속이나 물욕에서 벗어나는 자유로움과 스스로 존재하는 사람으로서 자기가 할 일을 묵묵히 실천하는 것이다.

이러한 것들이 산이라는 프리즘을 통해서 개성적인 사람들의 색상이 보이고 그 색상이 산의 색깔과 어울려 운해와 백설, 무지개로 보이고 숲과 나무, 새들, 돌들이 살아서 숨을 쉬며 시인에게 속삭인다. 삶은 이런 거라고…….

　　느낄 생각일랑 하지 말아요
　　있는 그대로 보고 있으면 감동이 와요

　　오르기 위한 산행山行 아니기에
　　비워야 볼 수 있는 내면을 응시해요

> 쉬면서 앞을 바라보는 행위行爲
> 반복할 때 제 할 일 보여요 　　　—〈태백산에 올라보니〉 부분

시인은 고희古稀를 일 년 정도 앞두고 있다. "있는 그대로 보고 있으면 감동이 온"다고 했다. 있으면 있는 대로, 없으면 없는 대로 보이면 된다. 깜냥도 되지 않으면서 포장만 그럴듯하게 할 게 아니라, 조금 부족해도 있는 그대로 보이는 것이 진정성 있는 태도 아니겠는가? 산은 직접적으로 말하지 않고 넌지시 알려준다. 삶의 교훈이다.

또, 반칙으로 남을 이기려고 하지 않고 선 자리에서 나무들의 순리를 지키면 능선 너머에서 님의 모습을 볼 수 있으리라 믿는다. "줄지어 선 나무들의 순리 행렬/ 앞서지도 뒤서지도 않는 행보// 눈 감으면 떠오르는 새색시 볼처럼/ 능선 저편에 님의 발자국 있으리라"(《아름다움을 찾아서》)

세상을 얼마를 살아야 이런 깨달음을 알 수 있을까? 보통 사람이 하기 어려운 말들을 작품 군데군데 심어놓았다.

산을 찾는 시인은 산에서 배우고 느끼는 것이 많다. 특히 겨울 산에서는 눈을 보면서 어떻게 살아야 할지 산이 전하는 말에 귀를 기울인다.

가만히 바라보며 생각하니
보여주기 위해 솟은 산 아니라며

자신이 할 일 자기 스스로 찾아서
말없이 내리는 눈처럼 살라 하네 　　　　—〈속삭이는 태백산〉 부분

 하얀 눈처럼 세상을 밝고 깨끗하게 하라는 뜻으로 이해한다. 심심산골에 내리는 눈처럼 보아주는 사람이 없어도 말없이 살라고 한다.
 남쪽의 3대 높은 산 중의 하나인 설악산의 가을을 보면서 시인이 산을 왜 좋아하는지를 알 수 있다.

산 오를 때마다 하늘 보는 사람
산 오를 때마다 꿈꾸는 사람이라

아름다운 앞날 생각하는 사람들
뜻 이루고 나면 허망함 느낄까 봐

가을 산 더욱 붉어지는 낙엽들
하늘 우러르며 바다 구름 펼치는가 　　　　—〈꿈꾸는 설악산〉 부분

설악산의 바위는 기암괴석에 봉우리마다 천태만상을 뽐냄으로, 사람에 비유하여 절세의 미인이라고 한다. 이렇듯 아름다운 산에 가을 단풍까지 겹쳤으니 더 이상의 아름다움은 없을 것이다. 가을의 설악산같이, 화려한 인생을 꿈꾸던 사람이 그 꿈을 이루고 나면 허탈감을 느낄까 봐, 예쁜 단풍들이 바다 구름을 펼쳐 보인다고 생각한다. 산을 좋아하는 사람의 포근한 마음이 담겨 있다.

결론적으로 사람과 산, 자연과 생명이라는 제유적 사유와 유기적인 세계관은 "개별성과 전일성의 상관관계의 패러다임"으로 "존재가 유기적으로 연속되어 있다."는 원리를 확인하고 있는 셈이다.

윤종덕 시인이 자연으로 대칭되는 산을 시로 형상화하고, 이를 생명과의 관계로 재구성하면서 시인이 추구하는 시세계는, 모든 자연과 사물이 생명체로서 살아 있다. 이렇게 상상하고, 창의력으로 사람을 따뜻하게 보듬기까지는, 윤종덕 시인의 노력이 결실을 맺어, 만물의 상호교류성相互交流性의 표현을 가능하게 했다. 마치 사람은 소우주이고, 천지자연은 대우주로서 인간과 자연이 서로 대화하는 소통의 장場으로 인류를 초대하고 있다. 이것이 우리가 말하는 인류의 행복과 평화를 위한 하나의 좌표가 아닐까.

경남대표시인선 · 54

머물고 싶은 고향
윤종덕 명산 시집

펴낸날   2024년 5월 5일

지은이   윤 종 덕
사 진   정 삼 룡
펴낸이   오 하 룡
펴낸곳   도서출판 경남

주소   창원시 마산합포구 몽고정길 2-1
연락처   (055)245-8818, fax.(055)223-4343
블로그   gnbook.tistory.com
이메일   gnbook@empas.com
등록   제1985-100001호(1985. 5. 6.)
편집팀   오태민 | 심경애 | 구도희

ISBN   979-11-6746-135-3-03810

ⓒ윤종덕

* 이 책은 경남문화예술진흥원의 문화예술지원을 보조받아 발간되었습니다.
* 잘못된 책은 바꿔 드립니다.
* 저자와 협의 인지 생략합니다.

〔값 15,000원〕